Histoires de la vie

d'une Super nounou!

Histoires de la vie

d'une Super nounou!

Faby BONINO

Édition : BoD – Books on Demand
12/14 rond-point des Champs-Élysées, 75008 Paris
Impression : BoD - Books on Demand, Norderstedt, Allemagne

ISBN : 9782322400799
Dépôt légal : 11/2021

Préface :

Nounou /Assistante Maternelle pendant quinze ans, j'ai souhaité écrire ce livre et histoires qui me sont arrivées avec les parents des enfants que j'ai gardé. Vous allez sûrement rire, vous dire : c'est pas possible!...Ah oui quand même il y a du lourd....Je vous assure ce sont que des histoires vraies........mes collègues se reconnaîtront sûrement dans celles-ci et vont sourire obligatoirement! Il n'y a pas une semaine sans histoires invraissemblables, farfelues, dingues...!

Beaucoup de monde pense que ce travail est "facile", car nous travaillons à notre domicile, que nous pouvons faire ce que l'on veut, quand on veut. Détrompez-vous, ces parents sont là pour nous faire comprendre que nous travaillons bien pour eux, nous sommes à leur merci, nous préviennent très souvent à la dernière minute d'un retard ou autres raisons, n'arrivent pas à l'heure pour récupérer leur petit et ne nous informe pas, nous les amène malades avec de très fortes fièvres....

Après ces quinze années j'ai pété un cable quand j'ai réalisé que je ne souhaitais plus me faire traité ainsi par ces parents employeurs, de ne plus dépendre d'eux, ne plus réclamer une fiche de paie et le salaire chaque fin de mois (et oui ils vous paient quand ils le souhaitent, et cela peut aller jusqu'au dix du mois), et céder à toutes leurs demandes, qui parfois ne sont pas les bonnes pour le bien de leur enfant.

Mon seul grand regret a été de quitter ces petits qui m'ont rendu heureuse pendant toutes ces années, ils me faisaient oublier les délires de leurs parents. Et souvent, la réflexion qui sortait de ma bouche était : "pauvres gosses" et surtout "pourquoi font ils des enfants? J'espère juste qu'ils seront heureux plus tard!

J'ai la chance d'avoir toujours des nouvelles de quelques enfants, sur trente cinq enfants gardés, et oui trente cinq en quinze ans! Ils se comptent sur les doigts de la main, mais ce sont les meilleurs parents que j'ai rencontré.

Bref je vous laisse découvrir un beau panel de mes histoires vécues depuis toutes ces années!

CHAPITRES :

CHAPITRE 1

Quelques histoires pour commencer!

Ma première expérience a commencé en septembre 2008, j'avais deux petites filles très belles, des soeurs, je les ai gardé pendant une année scolaire. La maman a appris au printemps suivant qu'elle attendait son troisième enfant. De là, elle s'est mise en arrêt maladie, et cette gentille maman voulait que je lui rembourse les heures non faites. Car au lieu de faire mes journées pleines, elle récupérait les filles une heure ou deux avant. Donc je devais lui décompter ces heures. C'est là où je me suis dit...Ce travail va être très compliqué avec les parents, et non avec les enfants! Bien évidemment, je lui ai bien expliqué le fonctionnement de la mensualisation, elle a fait la tête mais m'a bien payé mes salaires comme il se devait.

Je me rappelle d'une petite que j'ai gardé en dépannage que quelques mois, et tous les matins la maman me la confiait, et tous les matins la petite hurlait, cela a duré tout le temps du dépannage (quatre mois), je peux vous assurer que c'est très long, et je n'ai jamais compris pourquoi cette petite fille criait comme cela tous les jours. La maman ne l'aidait pas non plus, car elle restait trop longtemps pour essayer de la consoler, mais c'était de pire en pire. J'avoue j'étais contente de ne plus la garder!

Ah! et cette rencontre avec ce petit garçon, qui arrivait du Chili, deux ans environ, les parents fournissaient les repas, car ils voulaient à tout prix que ce petit bonhomme mange froid et des salades car il ne fallait pas qu'il se déshabitue de la vie de là-bas. Mon souci, est qu'il est arrivé en France courant du mois de décembre. Euhhh, il fait froid pour manger que des salades ou autres repas froids. Il y a quelques fois je lui faisais quelque chose de chaud. C'est comme manger des soupes ou autres plats bien chauds bouillants tout un été! Ce petit m'a fait beaucoup de peine!

J'ai eu aussi une fraterie, deux petits garçons très gentils, mais les parents étaient très très trop bio! Pareil ces parents souhaitaient fournir les repas, et je me rappelle que ces deux petits gars mangeaient quasi tous les repas du midi , du boulgour! Je n'ai pas le souvenir d'avoir vu d'autres féculents, riz, pâtes, pomme de terre ou autres légumes. J'espère que leurs repas du soir étaient beaucoup plus variés! Des fois je trichais je leur faisais goûter des choses meilleures!

Et cette petit fille, arrivée un mois de janvier, nous nous étions mis d'accord avec les parents que je fournirai les repas en temps voulu. Le moment arriva, et là! Cette maman me dit : finalement je souhaite lui faire ses repas, car je veux qu'elle mange bio, et je ne pense pas que ce soit dans vos moyens!
Wouahhhh, celle-ci on ne me l'avait jamais faite! Je lui ai expliqué que sur le contrat, nous avions notifié que je fournirai les repas, et qu'en aucun cas elle m'avait parlé du bio à ce moment là. Donc elle a voulu resté sur sa position. Donc j'ai décidé de rompre le contrat. Et là le papa s'en est mêlé, et m'a envoyé un mail pour s'excuser, et si je voulais bien revenir sur ma décision, car lui apparremment n'était pas au courant de ces repas bio!

De ce fait, mauvaise entente entre eux, parents, je n'ai pas souhaité continuer, et le contrat s'est arrêté avec un préavis de quinze jours. La maman faisait la tête tous les matins et tous les soirs, et le papa est venu faire les papiers le dernier jour, beaucoup plus agréable que cette maman. Je pense que c'était la première fois que quelqu'un lui tenait tête !

Une autre petite fille, trois ans, je l'ai gardé environ six mois (le temps de dépanner une collègue en congé maternité), je me rappelle qu'elle décidait tout à la place de ses parents, et le pire c'était la poussette. Elle habitait à quelques allées plus loin dans ma rue, et le matin c'est elle qui décidait et ordonnait à ses parents de prendre ou non la poussette. Quand nous faisions des ballades ensemble, elle marchait toujours à côté de ma poussette, et était très fière, et jamais elle a réclamé ou pleuré pour aller dans la poussette. Les parents il faut vous imposer, ces petits bouts ne font pas la loi !

Dans le même style, deux ans petite fille, pareil la poussette avec ses parents et sa mamy, et avec nounou toujours à côté et très contente de marcher...Et surtout elle voulait que ses parents la porte tout le temps. Et à force de lui dire qu'elle est grande, que maman et papa ont mal au dos...Elle a passé le cap, de j'arrête de faire mon bébé! Et du fait, qu'elle ne marchait pas assez, cette petite avait des soucis de transit, et ses parents lui donnaient du forlax tous les jours pour aller à la selle. Dommage de donner autant de médicaments qui peut se régler par de la marche tout simplement!

Alors dans le style parents très bizarres, ceux-ci font partie de la première classe, encore une petite fille, que j'ai eu à l'âge de quatre/cinq mois. La maman tous les soirs restait en moyenne vingt à trente minutes et jouait avec sa fille à la maison, à chaque fois qu'elle penêtrait dans l'entrée, elle ne disait jamais bonjour ou bonsoir à mon ex mari, soit-disant qu'elle ne le voyait pas (1,90m et bien imposant), ensuite au passage de l'apprentissage de la marche, les parents n'étaient pas contents car je n'avais pas de barreaux de chaise pour l'aider à crapahuter.

Et j'ai rompu le contrat au moment où ils ont abusé fortement tous les soirs de "squater" chez moi plus de trente minutes, et ils n'étaient plus d'accord pour que je fournisse les repas.

Toujours et encore une petite fille, que j'ai eu bébé aussi, le papa m'appelle un soir après la garde, car le pantalon de la petite sentait le vomi. Donc je lui ai confirmé qu'elle n'avait pas recraché de la journée, et que c'était sûrement un copain qui avait recraché par terre et que sa fille avait dû crapahuté dedans. Toujours ces mêmes parents, je leur demande exceptionnellement un vendredi (car mon fils était hospitalisé), ils ont voulu me l'enlever le jeudi ET vendredi, moi je dis ok, et au moment du salaire, ils ont souhaité me retirer les deux journées, soi-disant qu'ils avaient mal compris.....! Et pour finir, pour un noël, j'avais fais un bricolage de la petite, un cadeau du papa noël, et un dvd photos musical sur toute l'année écoulée....j'attend encore le MERCI! Ah si seul point positif, ils ont attendu après les fêtes de fin d'année pour m'offrir des chocolats à moins cinquante pour cent! Cela m'a bien fait rire!

Ah un petit loulou, cela change, eu bébé. La maman un jour, qui me dit en venant le chercher, c'est bon il a bien joué? Comme ça on arrive à la maison je le douche, et il mange et pas besoin de jouer ave lui..quelle horreur, comment peut-on penser comme cela pour son enfant. Et eux aussi, j'ai eu droit au cadeau de fin d'année, en début d'année, des chocolats à moins cinquante pour cent! Trop drôle!

Je reviens à une petite fille, là aussi les parents des sacrés rigolos. Un dimanche après midi, ils me préviennent par sms que je dois garder la petite le lundi (lendemain soir) jusqu'à vingt heure trente/vingt et une heure au lieu de dix huit heure, et qu'en gros je n'avais pas le choix, malheureusement, je ne pouvais pas, car j'avais répétition avec ma chorale et préparation de deux gros spectacles à la bourse du travail, donc ça a été un non radical. Et la maman a recommencé le mardi matin de la même semaine, à me prévenir à sept heures quinze le matin pour me dire qu'elle me l'amenait tout de suite au lieu de huit heures. Là, j'ai répondu au sms à sept heures trente, en lui disant que je filais sous la douche et que je serai opérationnelle qu'à sept heures cinquante minimum.

J'ai cru que je rêvais! De plus ce sont le même style de parents, qui disent à peine merci pour les cadeaux ou bricolages tout au long de l'année, aucun chocolats en fin d'année. Et ce qui m'a fait le plus rire dans ce couple, pour les salaires, ils me faisaient deux chèques, un de lui et un d'elle (jamais compris pourquoi ils ne se faisaient pas de virements entre eux et me faisait qu'un seul chèque) Bref, les gens sont vraiment bizarres! Ah si, ils m'en ont fait une bonne aussi, Un vendredi fin de semaine, je demande des couches et du coton pour le lundi matin, classique, et là, le papa arrive avec du lait maternel à boire, trop fort! Et ce même lundi matin, il arrive avec trente minutes de retard sans prévenir par sms, la petite en pleurs car sûrement rien dormi du week end, et au départ du papa, je vois le pantalon de la petite tâché, et c'était du caca tout frais, il ne l'avait même pas changé avant d'arriver à la maison....quelle honte! J'ai un gros dossier sur ces parents, mais je vais vous raconter des histoires plus drôles, et celles-ci sont plus agréables et des fois surprenantes!

Un nouveau matin, une petite qui arrive avec trente minutes de retard, mais cela est une habitude de ne jamais prévenir du retard! Le papa qui me dit :" Elle a eu quarante de fièvre tout le week-end et de la diarrhée depuis dix jours, donc on a rendez-vous à neuf heures cinquante cinq chez le pédiatre (il était huit heure trente quand il me la déposé, pourquoi me l'amener pour une heure???). Donc je l'amène chez le pédiatre et vous la ramène après". MDR Le temps du pédiatre, j'ai envoyé un sms en lui disant de la garder pour ne pas contaminer les autres petits. J'ai insisté pour qu'il la garde et qu'il me donne des nouvelles après la visite du médécin. Sms reçu à onze heures et quart : "Bonjour, pas une gastro mais un virus, je la garde aujourd'hui, elle a quand même un médicament pour les selles liquides et un sérum à mélanger à l'eau pour éviter la déshydratation. Elle devrait être de retour demain matin.
Et pour finir cette histoire, la maman m'appelle le soir à dix-huit heures pour me dire: "Finalement je la garde demain car elle a encore de la fièvre, des selles liquides et pas du tout en forme, elle sera de retour jeudi". LOL

Un matin, un papa qui arrive tous les jours en retard, l'arrivée est normalement prévue à huit heures, et là la moyenne tourne autour de huit heures quinze ou huit heures trente et sans prévenir bien sûr, nous restons à leur disposition. Et ce matin là, à ma grande surprise, il arrive à sept heures cinquante. Et la raison était que la petite tournait en rond chez eux avec son manteau, et qu'elle avait envie de venir chez nounou. (MDR, une petite de quinze mois qui veut aller chez sa nounou de son propre gré). Au lieu de me dire, qu'il devait être à son travail plus tôt, et il n'a pas traîné pour la laisser alors qu'habituellement il attend qu'elle pleure pour partir. Ils sont comiques ces parents!

Une maman qui travaille dans le milieu de l'enseignement, qui a trente six semaines de congés, elle m'avait demandé pour faire un contrat de trente huit semaines, pour avoir deux semaines "tranquilles". Le pire c'est qu'elle a osé se vanter que ses journées sont supers sans sa fille, je cite : "tu as passé une bonne journée chez nounou? Parce que la journée de maman sans toi c'était top"! (pas possible de dire cela et surtout à la petite). De plus, elle m'a parlé de leurs futures vacances, que les parents partaient sans la petite une semaine à la montagne faire du ski. Et que pour leurs vacances de pâques ils partaient seuls également à Londres une semaine, le papa voulait New York mais la maman a dit, non cela fait trop loin et en plus ce sont mes beaux parents qui la gardent. Pauvre petite, faire des enfants pour ne pas en profiter, surtout petits, et les laisser tout le temps aux grands parents....Ne faites pas d'enfant!

Cette histoire est très courte, mais elle méritait d'être là. Une maman un matin à l'interphone : "Bonjour c'est nous!" et ensuite j'entend "Allez ma pépette avance je vais te porter". J'explique, la petite a quand même deux ans et demi et habite le bâtiment en face de chez moi. Et elle se fait toujours porter de chez elle à chez moi. Et des fois la poussette. Oh my god!

Histoire un peu longue, car le financier est souvent compliqué dans ce métier, malheureusement! Je demande à un papa de vive voix pour un avenant, du fait que les parents souhaitaient rajouter un jour dans la semaine.

S'ils voulaient passer leur cinq heures de compteur (car je suis une nounou qui ne travaille pas avec les heures supplémentaires ou complémentaires, je propose un compteur annuel qui repart à zéro chaque année), et là sur ce fameux compteur il restait cinq heures (au total dix heures dans l'année). Et là les sms ont commencé.

Le papa : "Re bonjour, avec la petite qui pleurait beaucoup ce matin, j'ai oublié que je devais voir avec vous pour le compteur que nous avions pris. En effet nous sommes un peu surpris d'avoir utilisé ces cinq heures, car vous ne nous avez jamais indiqué l'utilisation de celles-ci. En effet comme vous je comptes le temps qu'au delà de quinze minutes de retard, je suis surpris des cinq heures, car cela fait beaucoup de retards. Pour être honnête, nous pensions ne pas avoir utilisé les dix heures et réfléchissions déjà à l'identification d'une journée pour vous la laisser et utiliser ces heures. Parlons en demain".

Moi : "Re bonjour, je suis très surprise également, car je ne suis pas du style à gruger les parents. Je calcule les quinze minutes de retard depuis dix huit heures et je peux vous assurer qu'il y en a eu des retards sur toute l'année. Si je vous compte les dix à vingt minutes de retard sur l'année vous arrivez à douze heure trente.

Donc je pense que les cinq heures que je vous compte, je ne vous vole pas, loin de là. Si vous ne souhaitez pas garder le compteur pas de souci, par contre les retards seront comptés dès dix huit heures, mais je pense que vous serez perdants. A vous de voir, je reste à votre disposition. Bonne fin de journée et à demain".

Le papa : "Un échange de sms n'est pas idéal, parlons-en demain. Nous avions compris à tord que jusqu'à quinze minutes c'était bon. Pas de raison de s'agacer d'un côté comme de l'autre. Nous savons maintenant que le décompte démarre dès dix huit heures. Aucun problème. A demain".

Pour finir, ils ont repris un compteur mais que de cinq heures et n'étaient quasi plus en retard, comme quoi!

Alors là aussi c'est pas mal et très court, une maman m'informe que la petite viendrait le lendemain plus tard, car la maman était en formation avec son travail. Habituellement elle arrive à sept heures quarante cinq, et la maman devait partir ce jour à sept heure trente, donc je lui dis poser la moi quand vous partez. Et bien pour quinze minutes plus tôt, elle a fait déplacer la mamy pour que la petite puisse dormir et venir qu'à huit heures trente. Il faudra bien se lever pour les études et le travail!LOL

Nouvelle histoire assez impressionnante, déjà pour commencer, la maman me demande le dimanche soir tard si je pouvais commencer trente minutes plus tôt le lundi matin, j'ai dis ok mais quinze minutes (faut pas abuser non plus). Dès le lundi j'ai réclamé des documents pour le relais. Le dernier jour de garde avant les vacances d'été (jeudi) de la même semaine. Toujours pas de papiers que j'avais demandé le lundi matin.   Donc j'envoi un petit sms aux deux parents pour leur dire de me les amener impérativement à dix huit heures. Et là, je reçois un premier message de la maman pour me dire qu'elle a une réunion et qu'elle rentre tard. Et le papa essai de m'appeller pour me dire que lui aussi ne peut pas venir et ce serait les grands parents qui arrivaient de Toulon pour récupérer la petite. Et mes documents on s'en fou donc! De là ils me disent on passera dans la soirée (ils ne sont jamais venus). De plus les grands parents sont arrivés avec vingt minutes de retard sans me prévenir, et moi j'avais un rendez-vous chez mon kiné il me restait six minutes pour arriver (j'ai été en retard bien évidemment) et là la grand mère qui ose me dire: "Votre kiné n'est pas loin ça devrait aller, et nous étions dans les bouchons on ne pouvait pas arriver plus tôt", mais d'où elle se permet. Bref!

Pour en finir avec ces papiers, il me les fallait le vendredi matin pour les amener au relais. Je partais à huit heure trente de la maison, et bien je vous le donne en mille, le papa me les a posé à huit heure quarante! Finalement les chiens ne font pas des chats...l'éducation se reproduit!

Un lundi matin un papa arrive avec sa petite et me dit : le week end n'a pas été top, elle a vomi dans la nuit de samedi à dimanche toutes les heures et ce matin elle nous a fait une couche liquide (déjà pourquoi tu me l'amène?!). Mais là ça va elle a la pêche, pas de fièvre dons cela devrait aller. Moi ok pas de soucis. Sauf que, dans la matinée, trois selles liquides. J'ai été gentille, j'ai attendu jusqu'à midi trente après le repas pour les avertir par sms du problème, voici mon sms :
Bonjour, je pense que X a une bonne gastro, vidée trois fois ce matin, possible de la récupérer pour ne pas contaminer les copines, merci.
Réponse du papa : bonjour, merci, cela veut dire qu'on doit venir la récupérer?......euhhhh comment dire.....
Quelques minutes plus tard deuxième sms : ok je viens de relire le texto, je suis là d'ici vingt minutes.

La petite est partie, le papa en partant, on va voir comment cela se passe, mais si elle n'a rien d'ici demain matin elle reviendra.

Sms de la maman le soir vers vingt heures: Bonsoir, elle va très bien, pas de fièvre, bon appétit, et surtout rien à signaler au niveau des couches (j'ai vraiment pas eu de bol!), si tout va bien cette nuit, on vous l'amène demain matin, bonne soirée. Lendemain matin de retour. Journée avec une seule fois des selles liquides cinq minutes avant qu'elle parte le soir. Le soir la maman vient la chercher, complètement malade, la petite lui avait refilé son virus. Comme quoi les nounous ne disent pas toujours des bétises!

Voici des parents pas très honnêtes. Nous avions signé un contrat sur trois jours pendant six mois et ensuite nous passions sur quatre jours. Cette maman m'annonce trois mois après le début du contrat que finalement nous resterons sur trois jours. Elle s'est permise de me dire que je perdait QUE cent trente euros (alors que je venais de lui annoncer que je venais de me séparer), et selon mes calculs c'était plus deux cent euros que je perdais.

Une semaine après cette annonce, je perd le doudou de la petite dans la rue, je préviens par un petit sms le jour même pour dire que je l'avais égaré, et je demande par principe où elle l'avait acheté et illico elle me répond : je viens de le voir à vingt deux euros quatre vingt neuf sur Amazon. MDR! Je ne comptais pas le racheter de suite. Elle m'a demandé quasi tous les jours si je l'avais retrouvé dans la rue où si j'allais le racheter! Je faisais l'autruche bien évidemment. Une semaine après, la petite tombe malade et me l'amène quand même le lundi matin avec plus de trente neuf, elle la récupérer le lundi début d'après-midi pour l'amener chez le médecin. Elle la gardé le mardi toute la journée. Et le jeudi elle me présente un certificat pour la journée d'absence du mardi. A la fin du mois je lui donne le recap du mois, et là bingo sms pour me dire que j'avais oublié de déduire la journée quand elle était malade (certes elle y a droit). Mais en onze ans de métier, on ne m'a jamais déduit une journée ou deux ou trois quand un enfant est malade. Pour la calmer, je lui ai demandé si elle, quand elle était absente à son travail, est ce qu'on lui déduisait sa journée! Finalement, elle ne l'a pas déduis. Elle avait quand même appelé pajemploi et le relais d'assistante maternelle pour être sûr d'elle.

Et m'a dit, on le saura pour la prochaine fois qu'elle sera malade, nous pourront déduire le ou les jours d'absences. Pour règler le problème, j'ai démissioné trois mois après. Et pas perdu au change, car j'ai récupéré une famille avec qui j'avais déjà travaillé et où tout se passait bien. Je plaind la nounou qui a récupéré la petite, enfin surtout les parents.

CHAPITRE 2

Histoires drôles et surprenantes!

J'ai eu des parents géniaux, et ceux-là en font parti. C'était une fraterie, frère et soeur, je les gardais surtout les mercredis. Et la pmi m'avait refusé une dérogation, car je dépassais mon agrément si je prenais les deux enfants. Le papa qui connaissait très bien la directrice du conseil général de Lyon, a poussé mon dossier par cette dame, et ma puéricultrice l'avait très mal pris. En me disant, c'est pas parce que monsieur X fait marcher ses connaissances que votre dossier changera. Et ben je vous le donne en mille, j'ai eu ma dérogation, et toutes les modifications que j'ai demandé par la suite pour mon agrément, ne m'ont jamais été refusé.

Merci encore à vous chers parents!

Alors là aussi, ces parents m'ont beaucoup fait rire, pareil une fraterie de garçons, un soir d'hiver, le papa devait venir les récupérer à dix huit heure, et à dix huit heures trente j'ai commencé à m'inquièter. J'appelle le papa qui ne me répond pas de suite, ensuite j'appelle la maman, pareil pas de réponse, je laisse des messages aux deux. Et là le papa me rappelle dix minutes après, en me disant. On s'est mal compris avec la maman, on pensait mutuellement que c'était l'autre qui devait venir chercher les enfants. A cette allure les loulous auraient pu rester dormir chez nounou! On en rit encore aujourd'hui, car ils font partis de ces parents depuis toutes ces années de gardes, où nous avons gardé le contact et nous faisons des repas réguliers ensemble! Trop sympa!

Départ d'un petit que j'adorai énormément, tout se passait super bien avec le petit et les parents, et ça c'est pas tout le temps.

Le jour de son départ (car ils ont déménagé), ils m'ont offert une carte cadeau Fnac de cent euros pour que je puisse m'offrir des concerts (car j'adore ça!). De toutes mes années de nounou, c'est la première fois que l'on m'offrait un cadeau aussi cher. J'en ai pleuré, tellement j'étais émue, touchée et triste du départ de ce loulou. Ils se reconnaîtront!

La meilleure histoire de ma carrière, cette maman c'est mon idole! X m'amène son fils le matin, elle n'avait pas envie d'aller à son travail. Et elle me dit : Fabienne dans une heure vous appelez mon chef et vous lui dites que mon fils ne va pas bien et que je dois venir le chercher. Je rigolais tellement de la situation, que je l'ai fait pour la rigolade, et cela a marché, et cette maman avait bien calculé son coup car nous étions vendredi et c'était parti pour un week end de trois jour, Si je peux me permettre Marylise je te kiffe!

CHAPITRE 3

Histoires de SMS, internet!

Histoire 1 :

SMS envoyé à quasi toutes les assistantes maternelles du quartier, voici sa réponse telle quelle nous l'a renvoyé à chacune : "Afin de nous épargner un potentiel rendez-vous inutile et de ne pas vous faire perdre votre temps, je vous décris quelques caractéristiques de cette garde :
Ma petite est allaitée et je vais donner à la personne qui la gardera du lait congelé à lui donner, donc pas de lait artificiel sauf pénurie de lait de mon côté.

Ce n'est pas une grosse dormeuse, elle fait en général deux siestes par jour, trois si vraiment fatiguée, mais elle s'endort à bras ou en écharpe, elle ne sait pas s'endormir seule dans un lit. Donc pour dormir ou manger c'est à la demande (cela va avec le lait maternel qui tient moins au ventre que l'autre). Donc il vous faut vraiment respecter un rythme précis cela sera difficilement compatible.

Je ne souhaite pas qu'on la laisse pleurer, partant du principe qu'elle pleure si elle a besoin, je souhaite donc une assistante maternelle qui ne la laissera pas non plus pleurer.

Elle est aux couches lavables, la seule contrainte, si vous ne connaissez pas trop, c'est de la changer chaque une heure trente/deux heure, les couches étant moins absorbantes que les chimiques. J'ai un sac de stockage donc pas d'odeurs etc...lors des sorties de plus de deux heures je met une jetable. Si vraiment cela vous pose un problème pour les couches, c'est discutable.

Je souhaiterai par ailleurs continuer dans le développement moteur libre, pas de transat ou maintien etc... mais au sol quand elle n'est pas portée. Elle est en demande de jeux, enfin qu'on joue avec elle donc j'aimerai quelqu'un qui aille dans ce sens.

Je ne veux pas de contact avec des écrans, donc ni télé, tablette, portable, etc...

Je pense avoir fait le tour des choses qui peuvent poser problème à une assistante maternelle et qui sont pour moi très importantes.Désolée si cela vous parait un peu direct mais je voudrais optimiser mes recherches et ne pas faire perdre de temps à qui que ce soit, et cela permet de voir si déjà notre collaboration pourrait potentiellement débuter".

Alors, je n'ai qu'une chose à dire, que cette dame aille vivre au fin fond du Larzac à élever des vaches, et s'occuper de sa fille!!! Bien évidemment je ne lui ai pas répondu, et mes collègues non plus d'ailleurs. Je pense qu'elle ne s'est pas rendu compte de sa demande Hallucinant!

Histoire 2 :

Une petite malade (un mardi) je prend des nouvelles le mercredi par sms car fièvre toute la journée du mardi chez nounou. Réponse de la maman : "Bonsoir, ce soir pas terrible, toujours de la fièvre, trente neuf. On a vu le médecin aujourd'hui qui a dit que c'était les dents. Je vous tiens au courant demain matin de son état, bonne soirée" (vingt et une heure quarante).

Moi : "Ok merci j'attend des nouvelles. Bonne soirée également".

Le lendemain matin (jeudi dix heures quarante cinq),je ne la gardais pas le matin.

La maman : "Bonjour, elle a eu une nuit difficile encore quarante, mais il semble que ce soit passé. Meilleure forme ce matin donc je vous l'amène à treize heures, à tout à l'heure".

Moi : "Bonjour, encore quarante?....Il y a une grosse infection pas sûr que ce soit les dents. Hier on m'a parlé de la grippe qui fait monter à trente neuf/ quarante pendant deux ou trois jours et ensuite des pics de fièvre et cela dure environ une semaine. J'espère que c'est bien les dents pour ne pas donner aux copains". (jeudi onze heures trente).

La maman : "Je pense vraiment que c'est les dents car il y en a une qui perce devant. Le médecin a dit qu'il y avait vraiment très peu de chance que ce soit la grippe, mais on doit la revoir si cela ne passe pas. Elle n'a pas eu de fièvre de tout ce matin, mais là elle à trente huit et est à nouveau fatiguée. Je ne travaille pas cet après-midi donc je vais la garder. Elle se reposera tranquillement comme cela. Bonne journée". (jeudi midi)

Moi : "Ok ça marche, vous me donner des nouvelles en fin de journée merci".

Fin de journée dix huit heures

La maman : "Bonsoir, bon elle avait à nouveau trente neuf après la sieste, du coup on retourne chez le médecin demain matin (vendredi). On la garde avec nous demain. Bonne soirée".

Moi : "Bichette, tenez moi au courant demain après le médecin, merci bon courage".

Le vendredi soir après la visite chez le pédiatre (quatre jours avec fièvre).

La maman : "Bonsoir, juste pour vous donner des nouvelles, elle va enfin mieux! Plus de fièvre la nuit dernière et aujourd'hui, on a vu le médecin qui pense que c'est derrière nous pour le moment. Bon week end".

Finalement j'avais peut-être raison, c'était sûrement la grippe!

Histoire 3 :

Une demande de garde sur un site internet, des parents très motivés qui après rendez-vous à mon domicile, attendaient ma confirmation .
Leur réponse : "Bonsoir Madame, je vous remercie de votre réponse et nous en sommes très flattés. Finalement après mûr réflexion et en fonction de mon employeur actuel, nous n'allons faire appel à aucune assisstante maternelle. Je vais prendre un congé parental pour m'occuper de notre fils pour l'année prochaine. Une chose est sûre, si nous avions dû faire garder notre fils, nous vous aurions choisi. Merci encore de nous avoir reçu chez vous et d'avoir pris le temps nécessaire pour faire votre connaissance ainsi que notre petit. Bonne soirée. Cordialement".
Eux, ils avaient du temps à perdre!

Histoire 4 :

Maman d'une petite que je gardais, elle m'envoi un sms le vendredi de mes vacances juste avant de reprendre le lundi.

La maman : "Bonjour, j'espère que les vacances se passent bien! Je vous écris pour savoir si mardi prochain il serait possible que vous gardiez X....jusqu'à dix-neuf heures maximum dix-neuf heures trente. J'ai une réunion au travail et mon mari sera à l'étranger. Merci de me dire si c'est possible ou non que je puisse trouver une solution. Merci beaucoup et à lundi"!

Moi : "Bonjour, oui tout va bien merci, malheureusement je ne peux pas mardi j'ai un rendez-vous à dix-huit heures trente. Vraiment désolée, bonne fin de vacances et à lundi".

La maman : "D'accord et merci pour votre réponse rapide, je vais tenter de trouver une autre solution...à lundi".

Pour info, elle est enseignante, et sa réunion elle ne la pas su quatre jours avant la reprise des vacances! Juste pas organisée la dame.

Histoire 5 :

Une maman envoi un sms le matin à sept heures cinquante cinq alors que je commence à sept heures quarante cinq, pour me dire :

La maman : "Bonjour, désolée je n'ai pas le temps de vous envoyer le message avant, mais c'est mon mari qui l'a déposera vers huit heures trente, car elle dormait encore".
J'ai juste répondu "ok", car j'ai trouvé cela gonflé, et de plus cette petite il faudra bien qu'elle se lève plus tard pour les études et ensuite le travail!

Histoire 6 :

Une demande de garde sur un site internet : Cherche garde pour ma fille vingt mois en septembre, je cherche une assisstante maternelle avec les critères suivants :
Temps plein (huit heure trente à dix huit heure trente) sur cinq jours
Activités variées (éveil, créatif, sorties au pars...)
Repas midi et goûter
Si possible, pas d'enfants en périscolaire en garde, car ma fille étant fragile des poumons, elle doit éviter les germes des collectivités (possibilité relais assistantes maternelles si pas plus d'une fois par semaine)

Ma fille est sociable, aime beaucoup jouer et mange bien. Elle est actuellement en crèche ou tout se passe bien mais doit être retirée à cause de cette fragilité des poumons.Malheureusement compliqué pour cette maman, nous ne pouvons pas garder que cette petite seule.

Histoire 7 :

Une petite qui arrive un lundi matin, fièvreuse tout le week end à trente neuf voire quarante. Les parents me la laisse en me disant qu'ils allaient appelé le pédiatre pour un rendez-vous en urgence, les sms commencent :

Le papa : "Bonjour, du coup je vais passer la récupérer vers onze heures quinze pour l'amener chez le médecin, j'espère que ça va? À tout à l'heure".

Moi : "Re bonjour, ok pas de souci, vous la garder après, juste savoir pour le repas merci".

Le papa : "Je lui donnerai à manger et vous la redonnerai peut-être pour l'après-midi en fonction de ce que dira le médecin".

Le papa : "Elle a une bonne otite, je la fais manger, lui donne son médicament et vous la laisse vers treize heures quinze/treize heures trente".

Hallucinant de ne pas garder sa petite malade, surtout que ce papa ne travaillait pas ce jour!

Histoire 8 :

Bonjour, je vous embête encore, ma fille à ses doudous(déjà 2 doudous) à l'école, un dans le sac Minnie et un dans la classe. Si elle peut récupérer les deux à midi. Il y a aussi un forlax dans le sac pour midi car elle est très constipée et a les fesses bien rouges (jamais vu de fesses rouges!). Merci beaucoup et à ce soir.

Histoire 9 :

Un jour de rentrée de vacances d'été, où je devais reprendre à huit heure le matin, et là je reçois le fameux sms du lundi matin, je n'avais pas vu la petite depuis un mois : Le papa : "Bonjour nounou, X... est prête pour sa rentrée mais arrivera un peu plus tard vers huit heures trente".

J'ai répondu qu'avec "un pouce" car un peu énervée, il aurait pu l'envoyer la veille au soir, que j'aurai pu dormir vingt minutes de plus, c'est sacré au retour des vacances! Bref la petite arrive, hurlements normal pas vu depuis trop longtemps. Le pire, même pas une heure après me l'avoir déposé, il me renvoi un sms.

Le papa : "Bonjour nounou, je passerai récupérer X... pour son rendez-vous à onze heures chez le médecin, je sonnerai chez vous vers dix heures cinquante cinq, et je vous la reposerai pour le déjeuner. Passez une bonne matinée (une heure et demi MDR).

Moi : "Nous serons sûrement au parc en bas, là nous sommes en ballade. Dites moi l'heure exacte, sinon je vous dirai où l'on se trouve."

L'aller et retour du médecin se fait, vers onze heure quarante cinq il me la ramène, et à nouveau des hurlements, la pauvre petite n'a rien compris à cette journée!

Histoire 10 :

Un papa voisin, un jeudi matin je reçois un sms.

Le papa : "Bonjour nounou, nous avons passé une commande amazon pour un lit nomade (façon tente deux secondes décathlon, c'est connu les nounous ne sont pas très intelligentes!) pour partir en vacances avec la petite ce vendredi soir. J'avais indiqué un commerce pour adresse de livraison mais je me rend compte sur amazon qu'il est écrit : livré au domicile. Puis-je vous demander d'être notre voisine pour remise de colis en cas d'absence à la livraison? (le colis doit arriver avant vingt heure ce soir, donc normalement nous serons rentrés avant livraison).

Comment dire, il m'a pris pour un lapin de trois semaines....je suis sûr que la livraison au commerce était plus long et à domicile plus rapide et vu qu'ils partaient le lendemain pas le choix de raconter un mensonge.

Moi (trop gentille) : "Pas de soucis".

Livraison faite à treize heures cinquante, cet imbécile de livreur c'est noté ne pas sonner sur ma porte d'entrée et bien sûr...il a sonné! Je signe sur leur boitier, et là dix minutes après nouveau sms.

Le papa : "Bonjour nounou, j'ai vu sur amazon que le colis avait été réceptionné par vos soins. Pouvez-vous me confirmer que cela a été le cas? (nous avons eu récemment des soucis avec des livreurs alors je préfère vérifier dès que possible!) merci". Le dès que possible ne vous fais pas rire! Mais il croyait que j'allais lui répondre dans la minute de la livraison.....il a eu son sms une heure après et encore j'ai été gentille encore une fois. Gonflé quand même!

Histoire 11 :

Bonjour Nounou, un petit coucou depuis Cassis où je finis mes vacances avec maman et papa. Je me suis éclatée à la mer (et aussi un peu à la montagne).

J'ai été très sage et j'ai bien progressé. J'ai fais quelques cacas au pot et je repère les bâteaux, les motos, les vélos et les seaux pour faire les châteaux de sable. Bon, je fais aussi des crises de colère quand je fatigue ou quand j'ai faim, mais je suis bien prête pour ma rentrée! Sympa d'être prévenu avant la reprise! MDR

Histoire 12 :

Appel reçu en premier avec message vocal (huit heures dix, début de garde huit heures): Bonjour nounou, je vous informe que la petite vient de vomir son biberon, je vais la nettoyer, et voir si elle va mieux ensuite, et je vous l'amerai. (LOL).

Ma réponse : Bonjour, je viens d'écouter votre message. On part au relais dans vingt minutes, et si elle n'est pas en forme, le relais sera pas top pour elle.

Réponse : J'ai appelé mon travail, je vais la garder tranquillement ce matin, je vous tiens au courant pour cet après-midi.

Je répond : Ok.... Je vais au relais et à midi dix, toujours pas de nouvelles pour le repas, ou l'après midi. Donc je relance un petit message : Re bonjour, je viens aux nouvelles?

Réponse : Elle a vomi deux fois de plus ce matin, jusqu'à dix-heures environ. Je lui ai donné à manger du riz vers onze heures, et pour l'instant elle n'a plus vomi (midi vingt). Je vais la garder cet après-midi, comme ça si c'est une gastro on ne vous contamine pas les autres petits.

Je répond : effectivement si gastro vaut mieux que vous la gardiez, bon week end et à lundi. Dans l'après-midi il me renvoi un message à quinze heures : Elle n'a pas vomi depuis dix heures et a mangé une bonne assiette de riz à midi (il était onze heures bref!). Si elle est encore bien cet après-midi, elle reprendra lundi normalement (le travail....MDR), sinon je vous tiendrai au courant d'ici la fin du week end, bonne fin de semaine et à lundi.

Dimanche vingt et une heure, pas de nouvelles, j'en prend au cas où.

Réponse du papa : Bonsoir, elle va très bien effectivement! Elle a même profité du passage de ses grands parents sur Lyon pour aller au parc de Gerland cet aprèm et faire quelques tours de manège! A demain. Lundi matin, retour, le papa qui me raconte le week end, que le papa pas bien le samedi et la maman le dimanche. Sacrée gastro! Elle ne prévient pas.

Histoire 13 :

Les parents qui pensent à toi un samedi soir à vingt deux heures pour t'envoyer un sms pour le lundi matin :

Bonjour(à vingt deux heures!), simplement pour vous indiquer que lundi X ne viendra pas. J'ai pris mon lundi et nous rentrerons avec X lundi soir. Elle reviendra comme d'habitude mardi, smiley, bon week end! Il y a de la progression, ils auraient pu attendre le dimanche soir pour me prévenir, comme ils le font habituellement.

Histoire 14 :

Sms reçu un vendredi après midi. "Bonjour Fabienne, je vous envoi ce message car vendredi prochain ma compagne n'est pas là de la journée et moi j'ai une réunion à Paris que je ne peux pas manquer. Je vous demande de faire 7h/17h ou 8h/18h. Merci nous n'avons pas le choix".
Ah ok et moi j'ai le droit de donner mon avis? Apparemment non! Ca va que je n'ai rien de prévu vendredi soir, sinon ils auraient eu le choix de trouver une autre solution...hallucinant!

Histoire 15 :

Sms à dix heures (la petite est arrivée à huit heures trente le matin). "Bonjour Nounou, j'ai oublié de vous demander/prévenir mais j'attend une livraison Amazon et j'ai mis votre adresse (on a la même, voisins de palier LOL), s'il ne pouvait pas vous laisser le colis. J'espère que cela ne vous dérange pas trop. Excusez moi la livraison est prévue pour ce matin. Merci!"
La livraison est passée dans l'après-midi et pas sonné chez moi.

Leur colis est resté sur leur palier tout l'après-midi jusqu'à dix-huit heures. Deux jours après, ils ne me préviennent pas, et je reçois cette fois ci un nouveau colis mais dans ma boite aux lettres. Et soi-disant, ils n'avaient pas dit à Amazon de mettre dans ma boite. Trop forts ces parents!

Pour information, si vous souhaitez découvrir de nouvelles histoires, vous avez une page facebook "Le monde des assistantes maternelles agréées", Il y a de sacrées pépites!

CHAPITRE 4

Autres histoires courtes et invraissemblables !

Une maman qui a voulu montrer comment donner le biberon à son bébé à une assistante maternelle qui avait vingt ans d'expérience!

Un voisin qui demande à une assistante maternelle dans son immeuble, qu'il lui fasse un "tarif d'ami" vu qu'ils sont voisins....MDR

Des parents d'une collègue, ils fournissent les repas et qui se vantent de donner à la nounou des yaourths périmés, et cela dure toute la semaine, et la maman qui précise tous les jours à la nounou limite ironiquement. "c'est encore des yaourths périmés"! Pour info, ils étaient passés de date depuis quasi un mois.

Un papa arrivant tout le temps en retard, la petite s'était cognée contre une porte chez eux juste avant d'arriver, mais il n'avait pas trouvé l'arnigel et arnica. Donc venu avec une bosse énorme (ils habitent à trois minutes à pied) à mon avis la bosse était faite depuis un moment

Une année, cadeau de fêtes des mères que je fais avec les petits, record battu, sur cinq familles, une seule maman m'a remercié pour le bricolage.... Pour les papas pas mieux, deux papas m'ont dit merci. Aucune reconnaissance. Je commence à comprendre mes collègues avec plus de vingt ans d'expériences qui ne veulent plus rien faire, dommage!

Un lundi soir fin de journée, une maman vient récupérer sa petite et me dit : je voulais vous demander un énorme service, je lui dis si je peux bien-sûr. Pouvez vous la garder jeudi soir (de la même semaine) jusqu'à vingt heure trente car j'ai une réunion? Euhhh comment dire....non désolée j'ai kiné. Mais comment je vais faire, j'ai vraiment personne qui peut me la garder. Et je lui dis..demandez à la jeune baby-sitter qui l'avait déjà gardé. Ah oui pas bête, je vais la contacter! Elle pensait me faire culpabiliser.....Perdu! Mais bien tenté.

C'est l'histoire d'une petite que j'allais chercher à l'école le midi, et un jour, je vois le scratch de sa sandale qui était défait....mais il n'y avait plus de scratch, papy avait oublié de le recoller....mais surtout il n'y en avait plus du tout. Donc la petite n'arrivait pas à marcher. Le pire est que, cela faisait une semaine que j'avais vu que le scratch se décollait....donc pourquoi ne pas changer de chaussures?!

Pourquoi....mais pourquoi les parents restent le matin à faire hurler leur enfant à l'arrivée chez la nounou??? Je crois qu'ils aiment ça....ce matin là, le papa est resté dix minutes montre en main, et la petite recommençait de plus en plus, sachant que les deux autres copines étaient là, et que bien sûr, tout le monde s'est mis à pleurer! Youhouuuuu j'aime les matins qui commencent comme ça...surtout le lundi!

Une maman un soir qui me raconte que le papa le matin lorsqu'il a déposé la petite à l'école, (elle pleurait énormément....trois semaines après la rentée). Et qui lui a dit "elle pleurait tellement que j'ai failli faire demi tour avec elle et la ramener à la maison". Je lui ai conseillé de ne jamais le faire car sinon, c'était fini pour cette petite et que tous les matins elle ferait le même cirque pour aller à l'école! Mais à quoi pense ces parents?

Un soir dix neuf heures trente, j'étais en bas de chez moi (j'attendais qu'on me ramène ma voiture du garage), je vois arriver les parents d'une petite, avec la petite, partir en ballade chercher le pain à la boulangerie du quartier. Ils se rendent compte qu'il est tard pour une petite de dix-huit mois, à cette heure d'être dans les rues! L'éducation des parents actuels me fait vraiment peur.

Un lundi matin, arrivent trois parents quasi en même temps, et là, le débrief du week end de chacun. Donc une avait vomi la veille au soir, car elle avait fait des cascades toute la journée, mais des bonnes chutes!

La deuxième avait vomi la veille au soir également car les parents lui avait fait mangé du boudin, à dix-huit mois, pourquoi pas! Et la petite dernière, n'avait pas mangé comme il faut le dimanche soir car ils avaient vadrouillé toute la journée du dimanche, donc la petite perturbée par le manque de sommeil car pas de siestes ou très peu. Donc le lundi matin pris son biberon à six heures du matin, alors que les parents savent que je fais le trajet jusqu'à l'école à onze heure cinquante. Heureusement cette petite est géniale et à mangé qu'à midi. Est ce que tous ces parents pensent au bien de leur enfant?!

Une petite avec un manque d'éducation à même pas deux ans. Lorsqu'elle partait le soir, déjà elle a un Globber (espèce de vélo sans pédales que les parents poussent avec une barre). Et je dis à la petite avant de partir, tu ne fais pas de globber dans la maison c'est dehors, sa maman arrive, elle me regarde droit dans les yeux et part dans l'appartement avec son jeu, et la maman qui ne dit rien! Et de plus, il y avait un bébé quand elle partait, elle lui piquait tous les soirs ses jouets! Pourquoi la maman ne la corrige pas?! Un manque d'éducation!

Une maman qui revient le lundi matin(retour de week end, toujours très dur pour les petits). Elle me dit : "La petite a vraiment les dents qui la travaille, elle a beaucoup pleuré durant ces deux jours, on lui a mit du gel pour endormir, mais la chose qui la soulagé le mieux, c'est qu'on la prenne dans les bras et là ça la rassure et elle s'arrête!". Comment dire....MDR! Quatre enfants en garde, je vais porter la petite (qui se porte très bien à huit mois) toute la journée.
C'est beau de rêver!

Une histoire qui concerne une amie/nounou, des parents faisait boire du café à leur petit de deux ans, et la nuit il se réveillait de deux heures du matin jusqu'à cinq heures, les parents se demandaient pourquoi il ne dormait pas. Les mêmes parents, le petit malade soir et nuit et demande à mon amie s'ils doivent le mettre à l'école le lendemain. Et vu qu'il n'est pas allé à l'école, la maman dit à la nounou. "Tu vas rester avec nounou devant la tv". Mon amie pensait qu'elle plaisantait. C'est connu les nounous passent leurs journées sur le canapé devant la tv....!

Une maman que je croisais dans un parc, qui se vantait de vivre H24 avec un porte bébé pour avoir sa fille tout le temps avec elle, sinon elle pleurait. Donc elle la portait pour la faire manger, dormir, faire ses courses, faire son ménage, passer l'aspirateur. Et la nuit elle la gardait dans son lit. Quel avenir pour cette petite?

Une maman qui me note les légumes, fruits, viandes que la petite peut manger. On ne rigole pas, au niveau de la viande, elle note boeuf, veau, volailles, agneau, jambon mais pas de porc, le jambon n'est pas du porc??? J'en ris encore de l'écrire. Ces mêmes parents me disaient une fois sur trois que la petite vomissait en fin de journée après être partie de la maison. Je pense que le fait d'être secouée entre le trajet voiture et jouer avec elle chez eux, car elle partait souvent juste après le goûter. Une petite dernière du papa, à chaque jour de pluie il rentrait dans la maison comme chez lui, et il a fallu que je le stoppe à l'entrée et lui expliquer que ce n'était pas propre de piétiner dans la maison alors que les petits traînent beaucoup par terre, sa fille faisant partie du lot. Je me demande comment doit être l'intérieur de chez eux et l'éducation qu'ils vont donner à leurs enfants.

J'ai eu aussi ces parents qui planaient, c'est bien cela, je pense que dans leur vie ils ne connaissaient pas les horaires, et complètement décalés, pour faire court, ils n'ont jamais été à l'heure toute la durée du contrat (quasi un an), la maman ne comprenait jamais quand il fallait me payer, le petit n'a jamais eu de vêtement à sa taille, ou trop court ou trop long (cela pouvait aller jusqu'à du huit ans en tee-shirt alors qu'il avait que deux ans), et le petit déjeuner pouvait se constituer de lait, jus de fruit, jusque là rien de grave, mais il y a eu aussi des bonbons et des chips, oui oui!

Je ne savais pas que les dents étaient le souci des bébés pendant des mois (de quatre mois à dix huit mois) dès que cette petite n'était pas en forme, ses parents lui donnait constamment du doliprane, même si elle était juste fatiguée. Et là vous vous dites, c'est pas possible de droguer un enfant pour un rien.

Une histoire qui m'a fait doucement rire, le papa arrive le lundi matin et qui m'informe qu'ils avaient passé le week end en famille pour des anniversaires, et pour l'arrivée de leur deuxième.

Ils voulaient sûrement me rappeler que je n'avais pas fait de cadeau d'anniversaire et de naissance, comment dire....au bout d'un moment j'ai arrêté d'être bête et de ne plus rien offrir, surtout avec ce genre de parents qui n'ont aucune reconnaissance.

Trois histoires en une sur le même enfant, enfin plutôt bébé, ce petit est venu une semaine habillé de la même manière (habillé avec les vêtements de sa soeur qu'elle portait lorsqu'elle était bébé), juste les chaussettes ont été changé, je sais qu'un bébé ne transpire pas trop mais l'odeur du lait caillé sur les vêtements c'est pas top! Et chose importante à mon goût, ce bébé ne souhaitait plus boire son lait, et les parents avaient juste oublié de me dire qu'il le préférait chaud que froid. Et ce même petit arrivait quasi tous les matins avec des selles. Pauvre petit!

Une histoire qui m'a choqué, auriez-vous l'idée de faire une randonnée en montagne tout un week-end avec un bébé de 4 mois dans un porte bébé avec sa grande soeur de deux ans et demi, et en Alsace, et rentré le dimanche soir à 23h? C'est peut-être moi qui ne suis pas assez cool! LOL

Et si je vous dis qu'un petit de deux ans est arrivé un matin avec une couche à l'envers! Je vous assure que c'est une réalité, certes à cet âge là, il aurait dû être propre, et il rentrait à l'école quelques semaines après!

Et je terminerai avec un remerciement d'une maman pour un cadeau de fête des mères que ses deux enfants lui avait fait chez nounou. Cette personne m'a dit "merci" trois semaines après lui avoir donné, quand je lui ai fait passer le cadeau pour la fête des papas. Quelle éducation c'est quoi un MERCI?!

La reconnaissance,
la gratitude,
le respect,

je ne sais pas si beaucoup de ces parents connaissent la définition de ces mots importants dans ce métier.

CHAPITRE 6 :

CONCLUSION

Pour ma part, j'ai effectué ce métier avec beaucoup d'amour et de coeur, vraiment dommage de s'arrêter à cause de cette non reconnaissance et l'abus de ces personnes envers nous, assistantes maternelles/nounous/taties. Beaucoup de personnes de mon entourage me disaient souvent : "mais comment fais tu pour les supporter?" "mais quelle patience, moi je ne pourai pas". Sachez que ces petits sont toujours ou presque toujours adorables avec leur nounou, et terribles avec leurs parents.
Je me suis occupée de ces enfants comme si c'était les miens, je ne regrette aucuns moments passés avec eux. J'ai eu de grands moments de bonheurs, mais aussi des moments de galères, mais leurs sourires, leurs joies, leurs folies, leurs façons d'être ont toujours pris le dessus.

MERCI à ces trente cinq enfants!

CHAPITRE 5 :

REMERCIEMENTS

Je remercie toutes mes amies/ collègues pour ce beau métier effectué chaque jour, heureusement les petits bouts nous font vite oublier les péripéties de leurs parents, et fort heureusement, sinon nous ne serions plus là!

Merci à tous mes amis qui m'ont soutenu pour effectuer ce livre, et qui m'ont poussé à le faire. Et surtout qui ont cru en moi.

Merci à notre animatrice de relais Delphine, qui a toujours été là pour me/ nous soutenir avec mes collègues dans notre travail, c'est une personne que j'adore.

Merci à mes parents que j'aime du fond du coeur, et je les remercie tous les jours pour l'éducation qu'ils m'ont donné et que j'ai reproduis avec tous ces petits loulous.

Mon fils, car il a vécu beaucoup d'histoires avec moi, on a beaucoup ris aussi, et il a eu énormément de patience.

Mon chéri qui a également supporté l'incorrection de ces parents et de sa patience.

Je vais citer les prénoms de ma famille, mes amis, participants de ma cagnotte en ligne, et mes collègues, en espèrant n'en n'oublier aucuns(es)!

Ma famille/amis :

Nadia, Sylvie. S, Mumu et sa bande, Charline, Zorah, Becassine, Marion L, Salima, Marion V, Pascale V, Jess, Frank, Ghislaine, Chef Bounty, Audrey, Catoche, Jenny, Diane, Christel, Karine, Sophie, Florence.

Participants de la cagnotte :

Nadia, Christelle, Jenny, Audrey, Ghislaine, Caroline, Sylvie.P, Blandine, Sylvie.S, Christiane, Chef Bounty, Chantal,Tatan Monique, Christel, Valérie, Richard, Ivana.

Mes collègues :

Salima, Fleur, Ghislaine, Florence. R,
Florence. B, Chloé, Ilhem, Zineb, Véronique,
Corinne. S, Oria, Corinne. C, Chrystel, Leccia,
Aurélie, Virginie, Vinciane, Eliana, Claudie,
Alexandra, Célia, Magali, Cécile, Nathalie,
Brigitte, Chantal. B, Mireille, Keiko, Leïla,
Jennifer, Laurence, Salwa, Fatima, Crys telle,
Jacqueline, Halima, Acetta, Marie.

Une mémoire :

Houria une amie qui nous a quitté
brutalement le 17 mai 2020 et qui me
manque énormément, qui était une
SUPER nounou! Je t'aime, tu resteras
dans mon coeur à jamais.